THE PEOPLE WHO HUGGED THE TREES

AN ENVIRONMENTAL FOLK TALE

adapted by Deborah Lee Rose
from a story of Rajasthan, India
with pictures by Birgitta Säflund

ROBERTS RINEHART, INC. PUBLISHERS

Published in the United States
by Roberts Rinehart, Inc. Publishers
Post Office Box 666 Niwot, Colorado 80544
Published in the United Kingdom and Europe
by Roberts Rinehart International
c/o Mizen Books, Schull, West Cork,
Republic of Ireland
International Standard Book Number
0-911797-80-7
Library of Congress Catalog Card Number
90-62832
Fourth Printing
Printed in Belgium by Proost

FOR MIRANDA
who loves the trees
DLR

FOR JOAKIM & PAOLA
BS

Special thanks to David Magier, PhD,
South and Southeast Asia Bibliographer, Columbia
University

In long-ago India, when warrior princes ruled the land,
there lived a girl who loved the trees. Her name was Amrita.

Amrita lived in a poor village of mud houses, on the edge of the
great desert. Just outside the village grew a forest.

Every day Amrita ran to the forest, her long braid
dancing behind her. When she found her favourite tree,
she threw her arms around it. "Tree," she cried, "you
are so tall and your leaves are so green! How could we live
without you?" For Amrita knew that the trees shaded her from
the hot desert sun. The trees guarded her from the howling desert
sandstorms. And where the trees grew, there was precious water to
drink. Before she left the forest, Amrita kissed her special tree.
Then she whispered, "Tree, if *you* are ever in trouble,
I will protect you."
The tree whispered back
with a rustle of its leaves.

One day just before the monsoon rains, a giant sandstorm whirled in from the desert. In minutes the sky turned dark as night. Lightning cracked the sky and wind whipped the trees as Amrita dashed for her house. From inside, she could hear the sand battering against the shutters. After the storm ended, there was sand everywhere—in Amrita's clothes, in her hair and even in her food.

But she was safe and so was her village, because the trees had stood guard against the worst of the storm.

As Amrita grew, so did her love for the trees. Soon she had her own children, and she took them to the forest with her.

"These are your brothers and sisters," she told them. "They shade us from the hot desert sun. They guard us from the terrible desert sandstorms. They show us where to find water to drink," she explained. Then Amrita taught her children to hug the trees as she did.

Each day when she left the forest, Amrita fetched water from the village well. She carried the water in a large clay pot, balanced on top of her head.

One morning
by the well, Amrita
spotted a troop of men armed with
heavy axes. They were headed toward
the forest. "Cut down every tree you can find," she
heard the chief axeman say. "The Maharajah needs
plenty of wood to build his new fortress."

The Maharajah was a powerful prince who ruled over
many villages. His word was law. Amrita was afraid.
"The tree-cutters will destroy our forest," she thought.
"Then we will have no shade from the sun or protection
from the sandstorms. We will have no way to find
water in the desert!" Amrita ran to the forest and hid.
From her hiding place, she could hear the *whack* of the
axes cutting into her beloved trees.

Suddenly Amrita saw the chief axeman swing his
blade toward her special tree.

"Do not cut down these trees!" she cried and jumped in front of her tree. "Stand back!" thundered the axeman. "Please, leave my tree," Amrita begged. "Chop me instead." She hugged the tree with all her strength. The axeman shoved her away and swung his blade.

He could see only the tree he had been ordered to cut. Again and again the axeman chopped until Amrita's tree crashed to the ground. Amrita knelt down, her eyes filled with tears. Her arms tenderly grasped the tree's dying branches.

When news of Amrita's tree reached the village, men, women and children came running to the forest. One after another they jumped in front of the trees and hugged them. Wherever the tree-cutters tried to chop, the villagers stood in their way.

"The Maharajah will hear of this!" threatened the chief axeman.

But the people would not give in.

The Maharajah was furious when the axemen returned emptyhanded. "Where is the wood I sent you to chop?" he stormed. "Your Highness, we tried to cut down the trees for your fortress," answered the chief axeman. "But wherever we went, the villagers hugged the trees to stop us."

The Maharajah sliced the air with his battle sword. "These tree-huggers will pay for disobeying me!" He mounted his fastest horse and rode out for the forest. Behind him came many soldiers, riding long-legged camels and elephants with jeweled tusks.

The Maharajah found the people gathered by the village well.

"Who has dared to defy my order?" he demanded. Amrita hesitated a moment, then she stepped forward.

"Oh Great Prince, we could not let the axemen destroy our forest," she said. "These trees shade us from the baking desert sun. They protect us from the sandstorms that would kill our crops and bury our village. They show us where to find precious water to drink."

"Without these trees I cannot build a strong fortress!" the Maharajah insisted.

"Without these trees we cannot survive," Amrita replied.

The Maharajah glared at her.

"Cut them down!" he shouted.

The villagers raced to the forest as the soldiers flashed their swords. Step by step the soldiers drew closer, as the sand swirled around their feet and the leaves shivered on the trees. Just when the soldiers reached the trees the wind roared in from the desert, driving the sand so hard they could barely see.

The soldiers ran from the storm, shielding themselves behind the trees. Amrita clutched her special tree and the villagers hid their faces as thunder shook the forest. The storm was worse than any the people had ever known. Finally, when the wind was silent, they came slowly out of the forest.

Amrita brushed the sand from her clothes and looked around. Broken tree limbs were scattered everywhere. Grain from the crops in the field littered the ground.

Around the village well drifts of sand were piled high, and Amrita saw that only the trees had stopped the desert from destroying the well and the rest of the village.

Just beyond the well the Maharajah stood and stared at the forest. He thought for a long time, then he spoke to the villagers.

"You have shown great courage and wisdom to protect your trees. From this day on your trees will not be cut," the Maharajah declared.

"Your forest will always remain a green place in the desert."

The people rejoiced when they heard the Maharajah's words. They sang and danced long into the night and lit up the sky with fireworks.

In the forest, the children strung flowers and bright colored paper through the branches of the trees. And where Amrita's tree had fallen, they marked a special place so they would never forget the tree's great sacrifice.

Many years have passed since that day, but some people say Amrita still comes to the forest to hug the trees.

"Trees," she whispers, "you are so tall and your leaves are so green! How could we live without you?"

For Amrita knows that the trees shade the people from the hot desert sun.

The trees guard the people from the howling desert sandstorms.

And where the trees grow there is water, and it is a good place for the people to live.

In the original legend, Amrita Devi and several hundred villagers gave up their lives while protecting their forest, nearly three centuries ago. The Indian government has commemorated their sacrifice by naming the Rajasthani village of Khejare as India's first National Environment Memorial.

Today, the people of India still struggle to protect their environment. One of the most dedicated groups is the Chipko ("Hug the Tree") Movement, whose members support nonviolent resistance to the cutting of trees.

In 1987, the Chipko Movement received the distinguished Right Livelihood Award (the "alternative Nobel"), for "dedication to the conservation, restoration, and ecologically responsible use of India's natural resources."

Un pays agité

À l'intérieur des tribus gauloises, régnait souvent la division.

Les familles nobles qui détenaient toutes les richesses, élisaient chaque année un **magistrat** suprême qui portait le titre de vergobret. Elles préféraient, le plus souvent, recourir à la force pour arbitrer leurs conflits. Les nobles cherchaient donc à s'entourer d'hommes fidèles, armés, nourris et payés par eux. La puissance de ces grandes familles dépendait du nombre de **mercenaires** et de **clients** qu'elles s'attachaient par leurs largesses. Orgétorix, un noble helvète, se trouvait par exemple à la tête de 10 000 personnes. De leur côté, les paysans accablés de dettes et d'impôts et les artisans des villes étaient toujours prêts à suivre, dans les jours de conflit, celui qui se montrait le plus généreux.

Celtill, le chef des Arvernes, qui voulait devenir roi, fut ainsi renversé par une émeute provoquée peut-être par son frère Gobannitio ; il fut condamné à périr sur le bûcher.

Son fils, Vercingétorix, qui ne devait pas encore avoir dix ans, fut épargné, mais surveillé de près par son oncle.

un magistrat

magistrat
Le magistrat est un homme qui exerce une autorité plus ou moins grande sur les autres. Les magistrats rendent le plus souvent la justice.

mercenaires
Les mercenaires sont des soldats qui servent dans une armée, uniquement pour de l'argent.

clients
Les clients étaient, dans l'Antiquité, ceux qui se mettaient sous la protection des riches qui leur donnaient les moyens de vivre.

Celtill, le père de Vercingétorix, est arrêté par ses adversaires, jaloux de son influence ; ceux-ci vont le conduire au bûcher où il va périr.

Un pays prospère

4 siècles av. J.-C. une civilisation gauloise originale

une fibule

La Gaule était remarquablement située entre la Méditerranée et l'océan Atlantique, et ses grands fleuves en faisaient un lieu de passage commode.
Les Gaulois produisaient des céréales en abondance, du blé et surtout de l'orge.
La production de minerais de fer, d'or, de cuivre, d'argent animait une industrie active.
Les émailleurs exportaient leurs bijoux, des fibules, des bracelets et des colliers jusque dans la vallée du Danube.
Les artisans d'Alésia auraient même inventé, dit-on, l'**étamage**. Les analyses faites aujourd'hui dans des laboratoires ont montré que leurs armes étaient très résistantes.
Depuis le IIIe siècle avant Jésus-Christ, différentes tribus frappaient leurs monnaies, semblables aux pièces émises par **Philippe II**, le père d'Alexandre le Grand. Ces pièces représentaient une tête de dieu sur une face et un char attelé sur l'autre.
Les Gaulois savaient profiter de leurs richesses ; ils aimaient les banquets copieux et bien arrosés. Grands amateurs de charcuterie, de laitages, de bière et surtout de vin, ils sombraient souvent dans l'ivresse ! Avant la conquête romaine, les négociants italiens parcouraient déjà la Gaule, jusqu'aux rives du Rhin.
Ils y échangeaient des tonneaux de vin contre des esclaves.

étamage
C'est l'action qui consiste à recouvrir un métal d'une couche d'étain pour empêcher qu'il ne rouille.

Philippe II
Roi de Macédoine de 356 à 336 avant Jésus-Christ.

Les Gaulois appréciaient beaucoup les plaisirs de la table. Grands amateurs de bière et de vin, ils buvaient beaucoup lors de leurs banquets.

La religion des druides

**vers 72 av. J.-C.
naissance
de Vercingétorix**

un menhir

sanctuaire
Endroit consacré aux cérémonies religieuses.

réincarnation
Certaines religions pensent que, après la mort, l'âme se transporte dans d'autres corps d'hommes ou même d'animaux.

exclusion
Une personne, frappée d'exclusion, se voit rejetée de la communauté ou du groupe.

Comme beaucoup de peuples antiques, les Gaulois adoraient de nombreux dieux auxquels ils élevaient des **sanctuaires** dans la campagne, au cœur des forêts. Les dieux le plus vénérés étaient Ésus, Teutatès et Taranis.
Les Gaulois pensaient que l'âme est immortelle et que, après la mort, elle se **réincarne** dans d'autres corps. Le gui, qui se développe au moment où tombent les feuilles du chêne et reste vert, était considéré comme l'image de cette immortalité. D'après la légende, on le coupait avec une faucille d'or.
Les druides, c'est ainsi qu'on appelait les prêtres, avaient une grande autorité sur les peuples de la Gaule. Ils se réunissaient une fois par an, dans la forêt des Carnutes, pour désigner leur chef et arbitrer les conflits entre les cités. Ils frappaient d'**exclusion** ceux qui ne respectaient pas leurs décisions. On les fuyait dans la crainte d'une punition céleste. Les druides connaissaient également le mouvement des astres et les vertus des plantes. L'écriture étant interdite, c'était donc par la parole seulement qu'ils communiquaient leurs connaissances aux jeunes nobles dans les forêts ou les cavernes.
Vercingétorix fut leur élève : il apprit d'eux l'éloquence qui semble avoir été une des principales raisons de sa réussite.

Les druides transmettaient leurs connaissances aux jeunes nobles qui se réunissaient dans la forêt. Ce sont eux qui apprirent à Vercingétorix l'art de bien parler.

Les ambitions de César

58-52 av. J.-C.
la conquête romaine

Cimbres et Teutons

République romaine
De 509 à 29 avant Jésus-Christ, Rome connaît la République.
L'égalité entre tous les citoyens n'empêchait pas toutefois les grandes familles de se disputer le pouvoir.

Cimbres et Teutons
Peuples qui vivaient en Germanie, en Allemagne actuelle, et qui tentèrent de marcher vers la Méditerranée pour trouver des terres.

Helvètes
Peuplade qui occupait la partie orientale de la Gaule, l'Helvétie, comprenant à peu près le territoire suisse actuel.

Au sud de la Gaule, il y a l'Italie : plusieurs hommes se disputaient alors le pouvoir à Rome : Crassus, Pompée et César. Pour triompher, et se placer à la tête de la **République romaine**, il fallait à César deux choses : la gloire militaire et de l'argent, car il était couvert de dettes. Avec ses riches terres à blé et ses divisions internes, la Gaule semblait une proie facile. Depuis l'invasion des **Cimbres** et des **Teutons**, vers 110 avant Jésus-Christ, les Gaulois vivaient dans la terreur des peuples germaniques venus d'outre-Rhin. Vers 60 avant Jésus-Christ, Arioviste, un chef germanique, cherchait à renouveler les exploits des Cimbres et des Teutons. En 58 avant Jésus-Christ, les **Helvètes,** repoussés par les Germains d'Arioviste, décident de gagner l'ouest de la Gaule.

Sous prétexte de protéger les Éduens, alliés de Rome qui ont appelé les Romains à l'aide, César pénètre en Gaule : il bat les Helvètes puis repousse Arioviste au-delà du Rhin.

César s'attache ainsi la reconnaissance de la noblesse gauloise qui l'accueille en libérateur et accepte de servir dans l'armée romaine, avec les cavaliers non romains qui forment la cavalerie auxiliaire.

Vercingétorix lui-même va servir dans l'armée de César, s'initiant ainsi aux méthodes de guerre de l'armée romaine. En six ans, César impose son joug à l'ensemble de la Gaule en battant les Belges et les Vénètes.

À la tête d'une armée impressionnante, César pénètre en Gaule.

Vercingétorix, chef suprême

**52 av. J.-C.
révolte des Gaulois**

une pièce d'or

oppidum
C'est ainsi que l'on nomme une citadelle construite le plus souvent sur une hauteur, fortifiée, et donc très difficile à prendre d'assaut. Au pluriel : oppida.

Carnutes
Le pays des Carnutes s'étendait entre la Seine et la Loire, dans la région de Chartres ; c'est dans la forêt qui couvrait ce pays que se réunissaient les druides venus de toute la Gaule, une fois l'an.

César croyait probablement les Gaulois plus affaiblis par leurs divisions qu'ils ne l'étaient en réalité. Au bout de six ans de présence en Gaule, César apparaît maintenant comme un conquérant tyrannique et cupide.
La révolte gronde. Dans l'hiver de l'année 52 avant J.-C., Vercingétorix, âgé de vingt ans environ, enrôle une armée de mécontents et entre dans l'**oppidum** de Gergovie où ses partisans le proclament roi des Arvernes. Il envoie alors des ambassadeurs auprès des diverses cités gauloises pour les inciter à se révolter contre Rome. Vercingétorix communique son enthousiasme à tous ceux qui l'écoutent : « Ne vaut-il pas mieux mourir en combattant, leur dit-il, que de ne pas retrouver la liberté que les ancêtres nous ont léguée ? »
Ce sont les **Carnutes** qui donnent le signal de la révolte. Ils massacrent des marchands romains à Genabum (Orléans). Dix heures après, grâce à un système de signaux par feux, transmis à travers la campagne, la nouvelle parvient aux pays des Arvernes, à 240 kilomètres d'Orléans. Plusieurs tribus et tous les peuples proches de l'océan Atlantique se joignent aux Arvernes.
Mais l'ensemble des tribus révoltées ne représente alors que la moitié de la Gaule. À l'unanimité, Vercingétorix est élu leur chef suprême.

Le jeune prince arverne est choisi comme chef par toutes les tribus de la Gaule qui se révoltent contre les Romains.

La guérilla

un oppida

À l'annonce du soulèvement des Gaulois, César franchit en plein hiver les montagnes des **Cévennes** couvertes de neige et envahit le pays des Arvernes qu'il met à sac. Puis il met le siège devant Genabum ; il prend la ville et réduit sa population en esclavage. Les premières rencontres entre la cavalerie gauloise et l'infanterie romaine démontrent aux Gaulois le danger d'affronter les **légions** de César en bataille rangée. Vercingétorix adopte alors une nouvelle tactique ; il organise la résistance sur des oppida imprenables et coupe les vivres aux Romains en brûlant les villages, les fermes et les greniers pour les contraindre à de longues marches harassantes. « Tout cela vous paraît de trop durs sacrifices, dit-il aux chefs gaulois, mais ce sont des douleurs tout autrement terribles de voir vos femmes et vos enfants réservés à l'esclavage et vous-mêmes à la mort. »
Avaricum, la riche capitale des Bituriges, est épargnée malgré son avis. Après 27 jours de siège, César s'en empare et fait égorger ses 40 000 défenseurs. César décide alors d'attaquer Vercingétorix le plus vite possible : il veut porter la guerre en pays arverne et prendre la capitale des rebelles, Gergovie.

Cévennes
Ces montagnes du sud-est du Massif central séparaient la Narbonnaise du territoire arverne.

légion
C'est ainsi qu'on appelait une armée romaine. Une légion comptait 6 000 hommes.

Une légion romaine met à feu et à sang un village gaulois et ses alentours.

La révolte gauloise s'étend

**52 av. J.-C.
Gergovie**

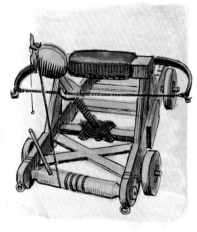

une catapulte

Gergovie, la capitale des Arvernes, est construite sur une hauteur difficile à escalader. De plus, Vercingétorix a disposé ses troupes sur tous les sommets qui entourent la ville. Tous les jours, la cavalerie gauloise attaque les détachements de l'armée romaine chargés d'assurer le ravitaillement en vivres et en fourrage. Ne pouvant abandonner un siège commencé et reconnaître ainsi sa défaite, il ne reste à César qu'une solution : attaquer Gergovie par surprise. Or, justement, César a remarqué que, à l'heure de la sieste, un secteur du mur d'enceinte est peu protégé par les **Nitiobriges**. Vers midi, les troupes de César franchissent donc, en silence, les 1 800 mètres qui les séparent du mur d'enceinte. Mais Teutomate ne se laisse pas surprendre par la ruse des Romains et avertit Vercingétorix qui lance ses hommes contre les assaillants et sème la panique parmi eux.
700 soldats et 46 **centurions** romains sont tués. Refusant sa défaite, César dispose ses légions en ordre de bataille face à Vercingétorix qui ne bouge pas. Victorieux, Vercingétorix rallie les indécis. Les Éduens, alliés de Rome, rejoignent aussi le camp des révoltés.

Nitiobriges
Tribu originaire du Midi qui avait pour roi Teutomate.

Centurion
Officier de l'armée romaine qui commande une unité de cent hommes, appelée une centurie. Il y a soixante centuries dans une légion.

Des Romains, à pied, attaquent les fortifications de la ville. Mais ils sont surpris, par-derrière, par des Gaulois à cheval dirigés par Vercingétorix.

Une faute militaire

**52 av. J.-C.
César bat en retraite**

Devant la menace que représente
le ralliement des puissants Éduens
à la coalition des Gaulois, César décide
alors de rejoindre à marches forcées
les quatre légions de son lieutenant Labienus,
qui se trouvait plus au nord, dans la région
de Sens. En marchant jour et nuit, il parvient
à franchir la Loire en crue avant l'arrivée
de l'armée gauloise.
Ayant rejoint Labienus dans la région de
Langres et recruté en secret des cavaliers
germaniques pour renforcer sa cavalerie,
César décide de faire retraite vers la Provincia
romaine et donc de quitter la Gaule.
Les Romains descendent la vallée
de la Saône.
Vercingétorix, peut-être trop confiant,
renonce alors à sa tactique de guérilla.
Il veut surprendre l'armée romaine en
colonnes de route, c'est-à-dire étirée sur
plusieurs kilomètres et encombrée par ses
bagages. Il l'attaque **en rase campagne**.
Le plan semble réussir. L'avant-garde
romaine attaquée cède, mais la cavalerie
germanique, dont Vercingétorix ne
soupçonnait pas l'existence, vient à la
rescousse des légionnaires romains et met
les Gaulois en déroute. Vercingétorix se
réfugie alors à Alésia, un oppidum réputé
imprenable, dans lequel il avait fait
entreposer des provisions suffisantes pour
tenir un siège de trente jours.

en rase campagne
Se dit d'un combat qui oppose
deux armées qui ne sont pas
retranchées derrière des fortifications. La lutte en rase campagne s'oppose ainsi à la
guerre de siège.

*Un cavalerie gauloise attaque des légionnaires
romains par-derrière alors qu'ils sont chargés de
bagages.*

Vercingétorix capitule

Arrivé devant la place, César se rend compte que la colline d'Alésia met Vercingétorix à l'abri de toute attaque. Il fait alors construire une double ceinture de fortifications en terre et en bois pour priver les Gaulois assiégés de toute communication avec le reste du pays et pour protéger ses légions, au moyen de **chausse-trappes** et de pièges, contre l'armée de secours qu'a appelée Vercingétorix.
Dans Alésia, les provisions s'épuisent, l'eau vient à manquer. Les chefs gaulois décident alors d'expulser de l'oppidum toute une tribu de la région, qui s'y était réfugiée, avec femmes et enfants. Repoussés par les Romains, les malheureux meurent de faim entre leurs compatriotes et leurs ennemis. Fin août, l'armée de secours arrive enfin, commandée par Vercassivellaunos, un cousin de Vercingétorix. Une attaque simultanée des Gaulois échoue par deux fois. Un dernier assaut est lancé en même temps par Vercassivellaunos et par Vercingétorix. Les Romains, un moment en danger, sont sauvés par la cavalerie germanique. Dans la nuit, l'armée de secours se retire. Le lendemain, Vercingétorix se rend à César pour sauver ses compagnons.

une chausse-trappe

chausse-trappe
Trou recouvert dans lequel on met des pieux pour surprendre les attaquants et leur interdire le passage.

Après deux mois de résistance, en septembre 52, Vercingétorix reconnaît sa défaite ; il vient se rendre à Jules César devant Alésia.

Un vainqueur implacable

Vercingétorix avait demandé à César d'épargner son peuple. Mais son vainqueur se montra implacable. Il envoya Vercingétorix dans un sombre cachot, à Rome. Les autres prisonniers gaulois furent réduits en esclavage : chaque soldat de l'armée romaine reçut ainsi un esclave en **butin**.

Après la chute d'Alésia, la résistance des Gaulois est brisée. César reste un an en Gaule pour achever la conquête du pays. Il fait preuve encore d'une grande cruauté. Sur son ordre, les défenseurs d'Uxellodunum, dans le Quercy, qui avaient été les derniers à le combattre, eurent tous le poing tranché. Puis César, qui a acquis la gloire en Gaule, veut s'imposer comme le maître de la République romaine. Il élimine ses rivaux, et s'empare des principales provinces romaines. De retour à Rome, en l'an 46, il fait célébrer son **triomphe** sur les Gaulois.

Il fait alors sortir Vercingétorix du cachot où il croupissait depuis six ans, pour qu'il figure en bonne place dans le cortège accompagnant le triomphateur jusqu'au **Capitole**. La cérémonie terminée, il donne l'ordre d'égorger le jeune chef de la rébellion gauloise.

butin
Ce mot désigne tout ce que les soldats victorieux ont le droit de prendre aux vaincus après leur victoire.

triomphe
Les généraux romains victorieux célébraient leur victoire par un grand cortège où ils montraient aux Romains les prisonniers qu'ils avaient faits et le butin dont ils s'étaient emparé. C'est ce qu'on appelait un triomphe.

Six ans après sa victoire à Alésia, Jules César célèbre à Rome son triomphe sur les Gaulois : il montre aux Romains qui l'acclament ses prisonniers, en particulier Vercingétorix qu'il a fait sortir de son cachot.

La Gaule romanisée

51 av. J.-C.
fin de la guerre
des Gaules

une caliga

La victoire de César à Alésia fait de la Gaule une province latine, protégée des invasions des Germains par la frontière du Rhin.
La Gaule a perdu son indépendance et, en partie, son originalité. Mais elle va connaître la paix pendant plus de deux siècles.
Les turbulents guerriers deviennent de paisibles Gallo-Romains. Imitant leurs vainqueurs, ils abandonnent leurs **braies** pour revêtir des **toges.** Ils quittent les oppida pour venir vivre dans des villes animées, où s'élèvent des théâtres, des **thermes** et des cirques. Les Romains construisent en Gaule de belles routes et de magnifiques ponts.
Mais les Gaulois conservent en partie leurs traditions, leur langue, leur religion, leurs façons de cultiver la terre et leurs productions artisanales réputées.
Un empereur romain, Caligula, doit même son nom aux « caligae », grosses chaussures militaires qui étaient une spécialité gauloise.
Les Gaulois vaincus ont donc eu une certaine influence sur leurs vainqueurs.

braie
Sorte de pantalon que portaient les Gaulois.

toge
Costume traditionnel des Romains. C'est une grande pièce d'étoffe, en forme de demi-cercle, dans laquelle ils se drapaient.

thermes
C'est ainsi qu'on appelait les bains publics, fort appréciés des Romains.

Les Romains, qui étaient de très habiles bâtisseurs, construisent en Gaule des monuments, en particulier des aqueducs et de magnifiques ponts comme le pont du Gard pour franchir les grands fleuves de la Gaule.

Chronologie

Médaille représentant
Vercingétorix

387 av. J.-C. Un raid gaulois commandé par Brennus s'empare de Rome et saccage la ville. L'Empire romain se constitue.

146 av. J.-C. La destruction de Carthage par les Romains marque la fin des guerres Puniques.

125 av. J.-C. À l'appel de Marseille menacée par une coalition de Gaulois et de Ligures, les Romains s'emparent du sud de la Gaule et l'organisent en une province : la « Provincia ».

72 av. J.-C. Naissance de Vercingétorix.

58 av. J.-C. Appelé par les Gaulois, dont les Helvètes menacent d'envahir le territoire, Jules César entre en Gaule « chevelue », bat les Helvètes puis les Suèves (qui occupaient l'Alsace depuis 72 av. J.-C.) Les Romains occupent la Gaule entière.

Vercingétorix jette ses armes
aux héros de César
Lionel Boyer 1852-1926

52 av. J.-C. Révolte des Gaulois contre la domination romaine. Vercingétorix, à la tête de la révolte gauloise, inflige une défaite aux troupes romaines à Gergovie, mais est vaincu à Alésia et fait prisonnier.

46 av. J.-C. Vercingétorix est mis à mort lors du triomphe de Jules César à Rome.

44 av. J.-C. Jules César est assassiné à Rome le 15 mars.

Personnages célèbres

● **Arioviste**. Chef de la tribu des Suèves, un peuple germanique. Arioviste fut appelé par les Séquanes, un peuple gaulois établi près de la Seine, pour lutter contre leurs adversaires, les Éduens, établis entre la Loire et la Saône. D'abord victorieux, Arioviste fut refoulé de Gaule par Jules César en 58 av. J.-C.

● **Titus Labienus**. Il fut le principal lieutenant de Jules César en Gaule. En 50 av. J.-C., il se rangea du côté de Pompée, contre Jules César lors de la seconde guerre civile. Labienus fut tué à la bataille de Munda en Espagne, en 45 av. J.-C.

● **Jules César**. Général et homme d'État romain, il vécut de 101 à 44 av. J.-C. Il gravit sans encombre tous les échelons de la carrière politique des magistrats romains, le *cursus honorum*, avant de s'allier avec Pompée, un général prestigieux et populaire, et avec Crassus, l'homme le plus riche de Rome. Ils réalisaient ainsi un *triumvirat* c'est-à-dire qu'ils étaient trois au pouvoir. Puis César commença sa carrière militaire. Il entreprit la conquête de la Gaule «chevelue » (de 58 à 51 av. J.-C.), franchit le Rubicon et provoqua une guerre civile à Rome (de 49 à 45 av. J.-C.).
Vainqueur des dernières forces de Pompée, il se retrouva seul maître de l'Empire. Le Sénat effrayé lui donna alors tous les pouvoirs et en 44 av. J.-C. il fut nommé dictateur à vie. Le 15 mars de la

Buste de César

même année, César mourut frappé de 23 coups de poignards à la suite d'un complot organisé contre lui. À la tête de ce complot se trouvait son fils adoptif, Marcus Brutus. (Voir le volume *Jules César* de la même collection.)

La civilisation gauloise

Batteuse gallo-romaine
Bas-relief, IIe s.

Monnaie gauloise
Tribu des Parisis

Char de Merida, chasse au sanglier

● **De nouvelles techniques agricoles**

Loin d'être des Barbares, les Gaulois ont une civilisation originale.

Bons laboureurs, ils savent améliorer la qualité de leurs terres. Ils utilisent des engrais. Ils ont aussi perfectionné leur outillage agricole. Les socs des araires, les houes et les pioches sont généralement en fer. Les faucilles et les faux sont semblables aux nôtres. C'est aussi à cette époque qu'apparaissent les premières machines à moissonner et la charrue à soc.

Aussi, la production agricole tend à s'accroître et les Gaulois exportent des céréales. Ils sont en effet meilleurs agriculteurs que les Romains.

● **Le développement de l'élevage et de l'artisanat**

L'amélioration des techniques agricoles a pour conséquence l'intensification de l'élevage et par conséquent la multiplication des métiers artisanaux utilisant la laine et le cuir. Le cuir sert à fabriquer des vêtements, des chaussures mais aussi des pièces d'armes (fourreaux, selles...). Les artisans gaulois travaillent aussi très bien le bois. Ils ont l'art de fabriquer de solides tonneaux cerclés de fer.

● **Des échanges commerciaux**

Le bois permet aux habitants du sud de la Bretagne, les Vénètes, de construire de solides bateaux à fond plat. Hardis navigateurs, ils vont jusqu'en Angleterre d'où ils rapportent de l'étain, des chiens et des esclaves qu'ils revendent aux autres tribus.

● Les forgerons

Les forgerons sont vénérés par les Gaulois. Ces « maîtres du feu et du fer » leur façonnent des armes et des outils de travail, plus durs et plus tranchants que le silex utilisé auparavant. Les forgerons savent étamer les épées, c'est-à-dire qu'ils les recouvrent d'une couche d'étain pour les rendre plus solides.

● Des inventions gauloises

Les Gaulois savent colorer la laine, faisant de la teinture tout un art. Ils produisent du savon, fabriquent de l'hydromel, de la bière, et exploitent des salines. Ils se servent du sel comme condiment et pour conserver la nourriture.

Mais ils sont aussi les inventeurs de la cotte de mailles. Ils sont les premiers à ferrer leurs chevaux et ils cerclent les roues de leurs chariots de jantes en fer d'une seule pièce.

Métiers des gaulois
Le foulon

Gobelet et cuillères, or et argent

Les croyances gauloises

Taramis, le Jupiter gaulois tenant la foudre

Un sacrifice gaulois
(illustration du XIXe s.)

Les Gaulois adorent un grand nombre de dieux qui les accompagnent dans leur vie quotidienne. On évalue à près de 400 le nombre de divinités celtes.

Chaque espèce animale ou végétale a sa divinité protectrice : Arto protège les ours, Epona les chevaux, Taranis les chênes. Les Gaulois vénèrent les arbres, les rivières et beaucoup d'animaux sont divinisés (le sanglier, le coq...).

Lors de certaines cérémonies, on coupe le gui des chênes selon un rite particulier : des récits plus ou moins légendaires racontent que le druide, revêtu de blanc, cueille le gui à l'aide d'une faucille d'or puis il sacrifie deux taureaux blancs. Cette cérémonie serait suivie d'un repas sacré.

● Le culte et la représentation des dieux

Les dieux sont représentés sous forme de statuettes avec les attributs de leur fonction. Le dieu tonnelier porte un maillet, le dieu de la roue protège l'homme qui se déplace.

Beaucoup sont aussi représentés avec un collier rigide autour du cou : le torque, que les Gaulois portaient eux-mêmes.

Les Gaulois n'ont pas édifié de temples pour leurs dieux comme ont pu le faire d'autres civilisations de l'Antiquité. Les Gaulois trouvent leurs lieux sacrés dans la nature. La forêt est le centre de la vie religieuse. Les Gaulois célèbrent leurs dieux par des fêtes, ils leur font aussi beaucoup d'offrandes de toutes sortes (bijoux, objets précieux, armes...) pour obtenir leurs faveurs. Ils leur sacrifient enfin fréquemment des animaux, et même, vraisemblablement, des prisonniers.

Ce sont les druides qui servent d'intermédiaires entre les hommes et les dieux et qui célèbrent le culte. C'est en partie pour cela qu'ils sont tant respectés.

● Après la mort

Les Gaulois croient à l'immortalité de l'âme. Aussi, pour que leurs défunts puissent voyager dans l'au-delà dans les meilleures conditions, ils les enterrent avec leurs armes, leurs outils, leurs bijoux et même leur char.

● L'année gauloise

Le calendrier lunaire, fondé sur l'observation du déplacement de la Lune et utilisé par les Gaulois, partage l'année en quatre périodes. Ces quatre périodes commençant le 1er février, le 1er mai, le 1er août et le 1er novembre sont à l'origine des quatre grandes fêtes annuelles que président les druides. À chaque saison on célèbre un dieu, ainsi le 1er février, début de la période de la naissance des agneaux, on honore la déesse des troupeaux, le 1er mai, saison de la levée des champs de grains, on honore Bélénos, le dieu de la culture et de l'élevage.

Dieu de Bouray
Art gaulois

Dieu chasseur ou forestier
Art gaulois

L'armée gauloise

● Des troupes indisciplinées

La Gaule n'est pas un État organisé. Les tribus qui la constituent se font sans cesse la guerre. Sa division et son manque d'organisation font sa faiblesse. Aussi combatifs et courageux que peuvent être ses guerriers, les troupes de Vercingétorix ne peuvent s'imposer face à une légion romaine organisée et dirigée par un génie militaire comme Jules César.

● Des guerriers redoutés

Les Gaulois ont une longue pratique de la guerre. Vers 390 av. J.-C. ils ont même occupé Rome.

Pour s'exercer au combat, les guerriers gaulois aiment s'affronter entre eux ; tout en se protégeant de leur grand bouclier, ils essaient de s'atteindre de leur

Reconstitution des fortifications d'Alésia

Casque en bronze, hache, épée, parure, faucille, bracelets

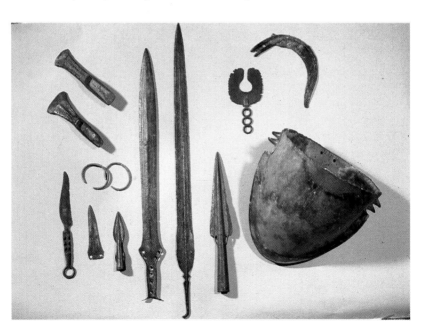

hache ou de leur lourde épée avec laquelle ils frappent par le tranchant et non par la pointe. Ils portent un ceinturon métallique à la taille. Leurs boucliers admirablement travaillés, leurs épaisses chevelures et leurs légendaires moustaches leur donnent une allure redoutable. Les casques gaulois, en fer et de forme simple sont souvent garnis de couvre-joues articulés. Contrairement à ce qu'on croit, ils n'ont sans doute jamais été surmontés de cornes.

Casques gaulois en bronze

● Le char à deux roues et l'« oppidum »

Les Gaulois utilisent le char à deux roues au cours des combats. Plus léger et plus pratique que celui à quatre roues, il leur permet de se déplacer plus vite que l'ennemi. Pour résister à une attaque, les Gaulois savent se préparer un refuge fortifié, l'« oppidum », généralement établi sur une colline. Leur art de travailler le bois et le fer et leurs connaissances techniques leur permettent de faire des « oppida » des lieux sûrs.

● Un ennemi supérieur

Mais les légionnaires romains que combattent les Gaulois sont des fantassins bien armés et surtout beaucoup plus disciplinés qu'eux. Ces Romains, bien organisés, savent conduire avec méthode le siège d'une place forte.
Lorsque ses troupes ont assiégé l'oppidum d'Alésia, le prudent Jules César prit soin de protéger ses légionnaires contre l'arrivée d'une armée de secours, venue pour délivrer Vercingétorix.

Cuirasse en bronze

Chronique d'une époque

● **La transmission des messages**

C'est encore grâce à Jules César qu'on sait comment les Gaulois se transmettaient les nouvelles.

« ... quand il arrive quelque chose d'important, quand un grand événement se produit, les Gaulois en clament la nouvelle à travers la campagne, dans les différentes directions ; de proche en proche, on la recueille et on la transmet. »
Camille Julian, *Vercingétorix*,
Paris, Hachette, 1900.

● **Des sacrifices humains ?**

Les Gaulois avaient-ils coutume de pratiquer des sacrifices humains ? On en discute encore. Pour Jules César, ce conquérant, cela ne faisait aucun doute :

Récolte du gui sacré
Gravure par Philippoteaux et Girardet

« Toute la nation gauloise est adonnée à la superstition. Aussi voit-on ceux qui sont atteints de maladies graves, ceux qui risquent leur vie dans les combats ou autrement, immoler ou faire vœu d'immoler des victimes humaines, et se servir, pour ce sacrifice, du ministère des druides. »
Camille Julian, *Vercingétorix*,
Paris, Hachette, 1900

● **Les druides**

Ce qu'on sait des druides et de la religion gauloise vient en grande partie des *Commentaires* de la *Guerre des Gaules* de Jules César.

« Tous les druides obéissent à un chef unique qui a parmi eux une grande autorité... Ils enseignent que l'âme est immortelle... En outre, ils se livrent à de nombreuses spéculations sur les astres et leurs mouvements, sur la nature des choses, et sur la puissance des dieux. »
Jules César,
Commentaires sur la guerre des Gaules,
livre VI, chaptire 13.

« Les druides s'étaient réservé le monopole de l'enseignement... L'enseignement des sciences, et surtout celui des matières d'initiation, n'était donné qu'à ceux qui se destinaient au sacerdoce. Comme les druides entendaient conserver pour eux l'exclusivité de ces connaissances secrètes, sur lesquelles reposaient leur autorité et leur prestige, ils interdisaient à leurs élèves de prendre, à leurs leçons, la moindre note écrite. »
Camille Julian, *Vercingétorix*,
Paris, Hachette, 1900.

À propos de Vercingétorix

● **Un chef longtemps oublié**

Vercingétorix tient aujourd'hui une place de choix dans l'histoire de France. Et pourtant, on a pu se demander s'il avait vraiment existé.

Vercingétorix, en effet, est un titre que les Gaulois donnaient à leurs chefs. « Ver » indique en gaulois la supériorité, « cingeto » veut dire celui qui marche face à l'ennemi, « rix » ou « rex » désigne le roi. Vercingétorix voudrait donc dire : « le roi suprême de ceux qui marchent à l'ennemi ». Mais ce n'est peut-être pas le véritable nom du chef des Gaulois.

César ne raconte pas dans la *Guerre des Gaules* la célèbre scène où Vercingétorix jeta ses armes aux pieds de son vainqueur. Un mystère entoure donc encore aujourd'hui la personne du célèbre chef gaulois, qui ne porta sans doute jamais de moustache !

Pendant très longtemps, on ne parla pas de lui. Son nom devint populaire en France dans les années 1870-1914. Les Français, humiliés par leur défaite face à l'Allemagne en 1870, cherchaient alors, dans leur passé, des héros pour se redonner confiance. C'est à cette époque qu'un sculpteur fit de Vercingétorix une superbe statue en bronze qu'on transporta, en grande pompe, à Clermont-Ferrand, en Auvergne, dans l'ancien pays des Arvernes.

● **Le premier résistant de France**

Lors du bimillénaire d'Alésia, on a salué en Vercingétorix le « premier résistant » de France.

Statue de Vercingétorix
à Clermont-Ferrand
d'après le projet de Bartholdi
Dessin de H. Meyer
1886

● **Si l'histoire en avait décidé autrement...**

Un historien moderne fait le point :

« *Il faut tenir compte avant tout, pour caractériser sa destinée, de sa grande jeunesse et de l'exceptionnelle brièveté d'une carrière qui, sans lui avoir donné l'occasion ni le temps d'acquérir la formation militaire que son rang lui eût réservée dans une nation fortement organisée, faillit pourtant lui donner la victoire sur la plus forte armée du monde.* »

Paul-Marie Duval, Préface au *Vercingétorix* de Camille Jullian, coll. Plaisir de l'Histoire, Hachette, 1963.

MER
DU
NORD

GERMANIE

BRETAGNE

Tamise

Elbe

MANCHE

Belges

Meuse

Rhin

Germains

Danube

Rotomagus
(Rouen)

Lutetia
(Paris)

Carnutes

Seine

Senones

Vénètes

Cenabum
(Orléans)

Loire

Alésia

Séquanes

Avaricum
(Bourges)

Bibracte
(Autun)

Pictones

Bituriges

Éduens

Helvètes

OCÉAN

Lugdunum
(Lyon)

Rhône

Pô

Gergovie

Arvernes

Vienne

Burdigala
(Bordeaux)

PROVINCE
ROMAINE

ATLANTIQUE

Cadurques

Nitiobriges

Nemausus
(Nîmes)

Garonne

Tolosa
(Toulouse)

MER

MÉDITERRANÉE

Gaule indépendante

Territoire romain en 59 avant Jésus-Christ

0   100   200 km